Títulos de No Ficción de Janvier T. Chando

ÍCONOS Y VILLANOS: Los Asesinatos Políticos Recientes que Transformaron...
HÉROES CAÍDOS: Líderes Africanos Cuyos Asesinatos Desarraigaron...
CAMEROUN: El Sistema Disfuncional de Francia en África…
UCRANIA: El Tira y Afloja entre Rusia y Occidente
CAMERÚN: El Corazón Embrujado de África

Títulos de Ficción de Janvier Chando

El Usurpador: y Otras Historias
Triple Agente, Doble Cruz
Discípulos de Fortuna
La Unión Moujik
Cometas Espléndidos
Destello del Sol
Llamadas de Fortuna
Maestro de la Fortuna
Los Niños de la Fortuna
Estar Enamorado y Ser Sabio
La Leyenda del Fuego y el Hielo
La Locura mas Dulce
Las Abuelas
El Fuego del Hambre
Las Sombras de Fuego
Padre e Hijos
El Doctor
Sombras Oscuras
Lazos Fatídicos
El Veredicto de Hades
El Juicio de Su Majestad
La Locura de Ngoko
El Usurpador
La Dote
Soy Odiado
El Patán

Próximos Títulos de Janvier Chando

Los Vagabundos Caseros
Los Amigos Mortales
Los Osos de Norilsk
El Halcón Blanco

CÓMO SE ESTRANGULÓ EL CORAZÓN DE ÁFRICA POR UNA CONSPIRACIÓN:

El Deshumanizante Asesinato de Patrice Lumumba del Congo y el Desorden de la Antigua Colonia Belga

Janvier T. Chando

TISI BOOKS

NUEVA YORK, RALEIGH, LONDRES, AMSTERDAM

PUBLICADO POR TISI BOOKS

ISBN-13: 978-1-7087-8401-0

ISBN-10: 1-7087-8401-2

PUBLICADO POR TISI BOOKS

www.tisibooks.com

NUEVA YORK, RALEIGH, LONDRES, AMSTERDAM

Impreso en los Estados Unidos de América

AGRADECIMIENTO

Palabras especiales de agradecimiento a la tía Anna Mapajane Chitja por presentarme al legado de Lumumba.

DEDICACIÓN

El libro está dedicado a todos los líderes icónicos y legendarios cuyos propósitos eran servir a la humanidad y promover el bienestar de la humanidad, especialmente aquellos que fueron interrumpidos en sus misiones históricas por las fuerzas malignas de este mundo.

CÓMO SE ESTRANGULÓ EL CORAZÓN DE ÁFRICA POR UNA CONSPIRACIÓN:

El Deshumanizante Asesinato de Patrice Lumumba del Congo y el Desorden de la Antigua Colonia Belga

CONTENIDO

Citas de Patrice Lumumba

"A los colonialistas no les importa nada África por su propio bien. Se sienten atraídos por la riqueza Áfricana y sus acciones están guiadas por el deseo de preservar sus intereses en África frente a los deseos del pueblo Áfricano. Para los colonialistas, todos los medios son buenos si los ayudan a poseer estas riquezas."

"Llegará el día en que la historia hablará. Pero no será la historia la que se enseñará en Bruselas, París, Washington o las Naciones Unidas ... África escribirá su propia historia y, tanto en el norte como en el sur, será una historia de gloria y dignidad."

"La independencia política no tiene sentido si no va acompañada de un rápido desarrollo económico y social."

"Sin dignidad, no hay libertad, sin justicia, no hay dignidad, y sin independencia, no hay hombres libres."

"Un mínimo de comodidad es necesaria para la práctica de la virtud."

"Lo único que queríamos para nuestro país es el derecho a una vida digna, a la dignidad sin pretensiones, a la independencia sin restricciones. Este nunca fue el deseo de los colonialistas Belgas y sus aliados occidentales…"

"Estas divisiones, que las potencias coloniales siempre han

explotado para dominarnos mejor, han desempeñado un papel importante, y siguen desempeñando ese papel, en el suicidio de África."

"Sabemos que África no es francesa, ni británica, ni estadounidense, ni rusa, que es Áfricana. Conocemos los objetos de Occidente. Ayer nos dividieron en el nivel de una tribu, un clan y una aldea... Quieren crear bloques antagónicos, satélites ..."

"Nadie es perfecto en este mundo imperfecto."

"La unidad y la solidaridad Áfricanas ya no son sueños. Deben expresarse en decisiones."

"La liberación de las mentes del pueblo africano será una batalla más dura que la erradicación de los regímenes coloniales de colonos."

MAPAS

Congo en el Mapa del Mundo

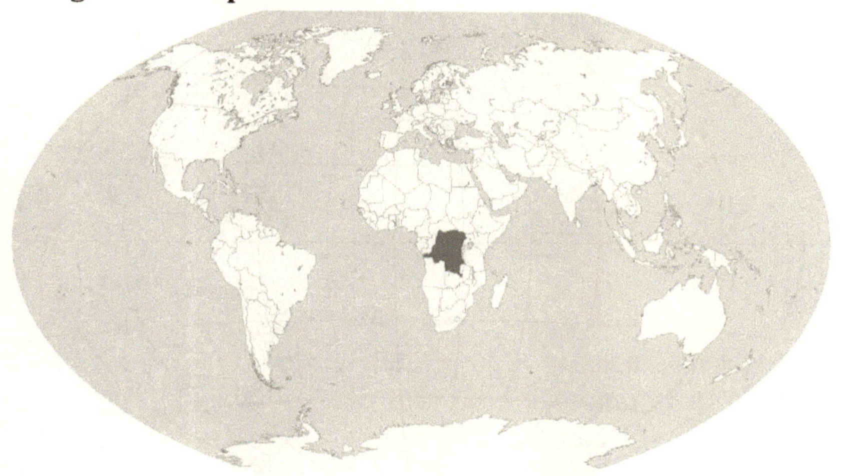

Mapa Administrativo de la República Democrática del Congo (2019)

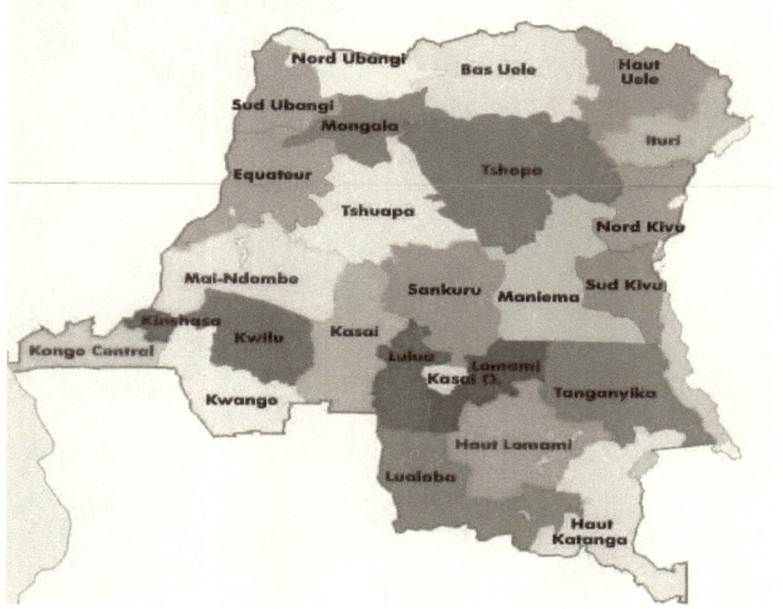

La independencia de los países africanos

Colonias inglesas
Colonias francesas
Colonias portuguesas
Colonias italianas
Colonias belgas
Colonias españolas
Guerra deindependencia

1960 Año de la independencia

Mapa Político de los Países Africanos

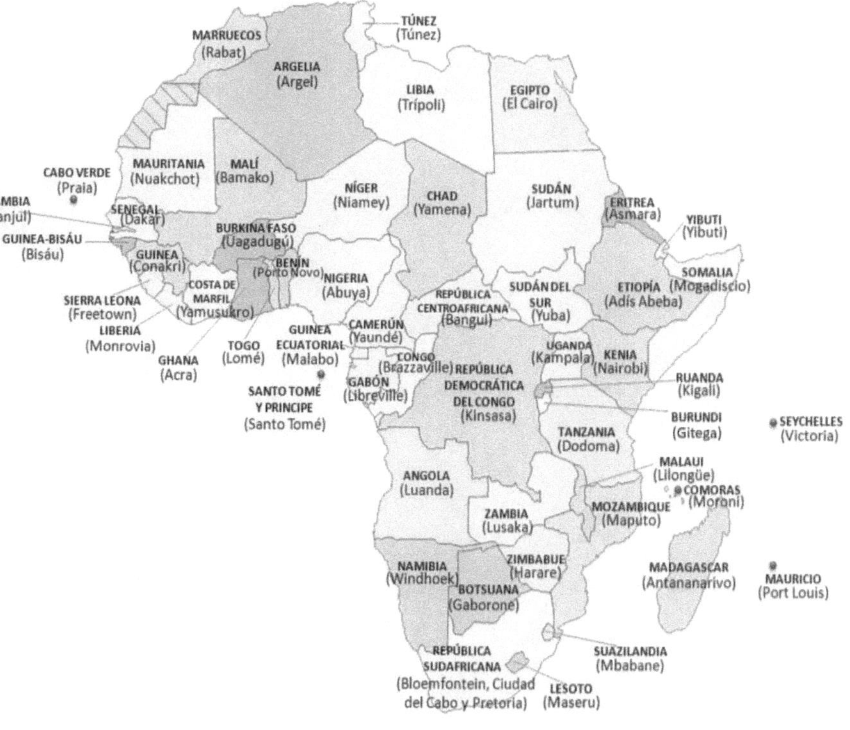

INTRODUCCIÓN

En mi búsqueda de la respuesta a por qué existen ciertos puntos críticos geopolíticos en el mundo, en mi búsqueda de la (s) razón (es) por las que algunos países y el mundo en general experimentaron cambios repentinos y dramáticos que llevaron a la guerra, la inestabilidad o una reorientación de sus Las políticas nacionales y extranjeras que no solo afectaron a estos países sino que también influyeron en ciertas regiones o en todo el mundo, exploré los asesinatos políticos en las últimas docenas de décadas que cambiaron nuestro mundo. Por nuestro mundo, quiero decir nuestras comunidades, países, regiones y la humanidad en general.

Al tratar los diferentes asesinatos que tuvieron lugar a lo largo de los años, utilicé un enfoque caracterizado por la sociología política, donde analicé sucintamente los factores históricos y sociales que no solo condujeron a los asesinatos, sino que también surgieron del asesinato de estas figuras históricas. Y a partir de estos factores, se nos presenta una idea o imágenes de cómo la sociedad afectada ha evolucionado desde los eventos traumáticos.

A partir de las reacciones violentas que siguieron al

asesinato de figuras históricas, legendarias o icónicas, podemos aprender algo útil y crear escenarios o qué esperar como calamidades si líderes particulares son asesinados, y así actuar en consecuencia para evitar sus asesinatos.

Capítulo Uno

Patrice Lumumba

Siria es lo suficientemente mala, es una atrocidad bastante terrible. Pero hay muchas peores atrocidades en el mundo. Entonces, por ejemplo, las peores atrocidades en la última década han sido en el Congo, el este del Congo, donde quizás 5 millones de personas han sido asesinadas.

Noam Chomsky — 8 de Octubre de 2013

Patrice Lumumba poco antes de su Muerte

El asesinato del 17 de Enero de 1961 de Patrice Lumumba, el primer primer ministro elegido democráticamente de lo que hoy es la República Democrática del Congo (RDC), es considerado por muchos Africanos como "el asesinato más importante del siglo XX" porque no solo destruyó el país, pero también polarizó y paralizó África, lo que resultó en una desunión de la que el continente aún no se ha recuperado. Este crimen atroz fue la culminación de dos complots de asesinatos interrelacionados por elementos dentro de los gobiernos estadounidense y Belga que hicieron uso de cómplices Congoleños y un escuadrón de ejecución Belga para llevar a cabo el asesinato del líder de esta nación naciente en el corazón de África que acaba de independizarse de Bélgica el 30 de Junio de 1960.

Los historiadores, sociólogos y expertos geopolíticos coinciden en que el Congo es el país más traumatizado de África y el mundo, y que de todas las atrocidades que el Congo experimentó en su historia de abuso, el asesinato de Patrice Lumumba fue el acto más cruel. De hecho, se considera correctamente como el pecado original del país.

El asesinato tuvo lugar menos de siete meses después de la independencia de este territorio que ocupa el 7. 7% de la masa continental de África. El acto se transformó en un obstáculo para la esperanza de implementar los altos ideales de la unidad nacional Congoleña, la prosperidad material, la democracia, la independencia económica, la libertad y la solidaridad Pan-Áfricana que Lumumba había estado defendiendo. Lo que no se puede pasar por alto en particular es el hecho de que su asesinato sirvió como un golpe demoledor para las esperanzas, sueños y aspiraciones de millones de Congoleños, y desilusionó a un número aún mayor de Africanos en todo el continente.

El hecho de que una de las universidades más grandes de la Unión Soviética, la Universidad de la Amistad de los Pueblos de Rusia, que se fundó el 5 de Febrero de 1960, pasó a llamarse "La Universidad Patrice Lumumba" el 22 de Febrero de 1961, y el hecho de que esta institución de educación superior Luego educó a cerca de cien mil extranjeros, la mayoría Africanos, destaca la importancia histórica de la muerte del joven Áfricano en África y el resto del mundo durante la Guerra Fría.

Como resultado, la importancia histórica del asesinato

radica en una multitud de factores, de los cuales los más relevantes en ese momento se basaron en:

- el contexto global en el que tuvo lugar (el presidente Eisenhower autorizó el asesinato y la CIA llevó a cabo su secuestro y traslado; las Naciones Unidas, su Secretario General Dag Hammarskjöld, la Unión Soviética y el M16 Británico estuvieron involucrados en la tragedia); y los Belgas dirigieron su asesinato y el de sus dos socios antes de deshacerse de los cuerpos desenterrándolos y disolviéndolos en ácido sulfúrico, y luego moliendo y esparciendo los huesos)
- su impacto en la política Congoleña desde entonces,
- y el legado general de Lumumba como líder cívico-nacionalista e ícono Pan-Áfricanista. Después de todo, él estaba trabajando con Félix Moumié, el líder del movimiento de liberación de Camerún que el Servicio Secreto Francés (SDECE) envenenó en Ginebra, Suiza, el 3 de Noviembre de 1960.

Capítulo Dos

Una pregunta que ha prevalecido en la esfera geopolítica es esta:

¿Por qué Estados Unidos, Gran Bretaña, Francia y Bélgica se involucraron en el asesinato del primer líder democráticamente elegido del Congo?

Todo comenzó en Abril de 1884, siete meses antes del Congreso de Berlín, cuando los Estados Unidos de América se convirtieron en el primer país del mundo en reconocer las reclamaciones del Rey Belga Leopoldo II a los territorios de la cuenca del Congo. Estos territorios se conocieron como el Estado Libre del Congo. El Rey Leopoldo II lo gobernó como su propiedad privada, haciendo uso de un pequeño grupo de administradores blancos que provenían de toda Europa.

Mapa de Partición de África: 1884-1914

El Estado Libre del Congo convirtió al Rey Leopoldo en
uno de los monarcas más ricos del mundo, un logro
descomunal dado el hecho de que él era el Rey de Bélgica,
que era un país tan pequeño en el vecindario de poderosas
entidades geopolíticas como los Británicos, alemanes y
Rusos y los Imperios Austrohúngaros. Pero la riqueza del
Rey Belga fue acumuló a un costo enorme para la
población Áfricana nativa que se vio obligada a
proporcionar mano de obra no remunerada que no era
diferente de la esclavitud, en la explotación de los recursos
minerales, forestales y agrícolas de la tierra para el monarca
Belga. Sin embargo, cuando las atrocidades relacionadas
con la brutal explotación económica en el Estado Libre del

Congo del Rey Leopoldo causaron millones de muertes, los Estados Unidos de América se unieron a otras potencias mundiales y obligaron al Estado Belga a hacerse cargo del Estado Libre del Congo como una colonia regular y detener los asesinatos y mutilaciones de la población nativa Congoleña, un genocidio de por sí.

Fue solo después de que el Congo se transformara en una colonia regular que los Estados Unidos de América adquirieron una participación estratégica en la enorme riqueza natural del territorio. De hecho, Estados Unidos utilizó el uranio de las minas Congoleñas para fabricar las primeras armas atómicas que se utilizaron en las ciudades Japónesas de Hiroshima y Nagasaki, lo que condujo a un abrupto final de la Segunda Guerra Mundial en el Pacífico.

La importancia estratégica de un Congo rico en recursos en particular, y África rica en recursos en general, especialmente para ayudar a los Aliados a ganar la Segunda Guerra Mundial, se convirtió en una maldición cuando el continente buscó la independencia de sus amos coloniales. Esto fue en un momento en que la Guerra Fría dominaba la geopolítica. Estados Unidos y sus aliados occidentales decidieron dar a las colonias independencia todo bien, pero no el tipo de independencia que el resto del mundo conocía. Las potencias occidentales no estaban preparadas para permitir que el pueblo de las colonias Áfricanas tuviera un control efectivo sobre las materias primas estratégicas en sus territorios, por temor a que estos activos pudieran caer en manos de los países de los campos Soviéticos y comunistas. Esa fue la razón por la cual los intereses occidentales percibieron una amenaza en la determinación de Patrice Lumumba de lograr una verdadera independencia para el Congo y obtener el control total sobre los recursos del país para su uso en el desarrollo de la nación naciente y en la mejora de las condiciones de vida del pueblo Congoleño.

Los Recursos Naturales de la Región Centro-Áfricana

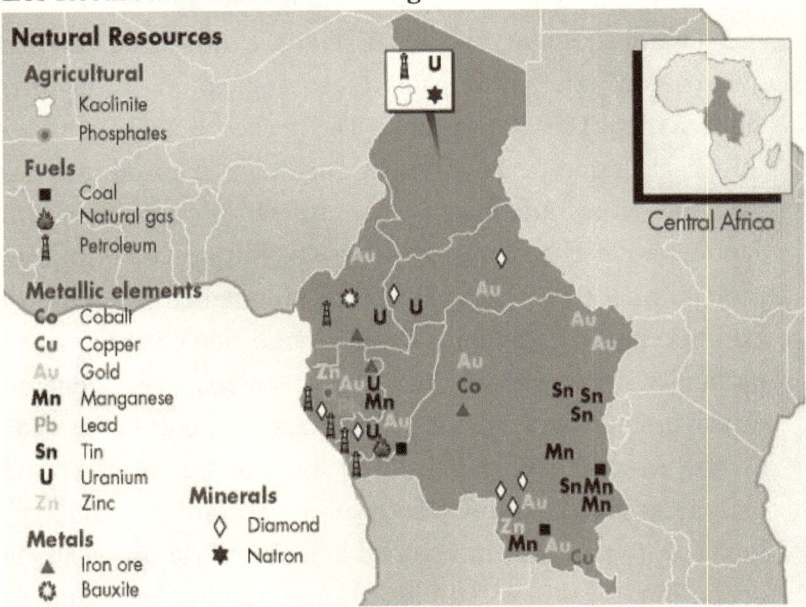

Para detener a Patrice Lumumba, los Estados Unidos de América y Bélgica no dejaron piedra sin remover, incluido el uso de la Secretaría de las Naciones Unidas bajo Dag Hammarskjöld y Ralph Bunche, la compra del apoyo de los rivales Congoleños de Lumumba, el silenciamiento de algunos líderes Africanos que apoyan a Lumumba y el objetivo Pan-Áfricanista que compartía, y la compra de los servicios de asesinos a sueldo (mercenarios) para eliminar el obstáculo para su control sin problemas del Congo, un territorio que vieron como un país que no podría ser más que un estado casi independiente que está subordinado a los líderes occidentales, los países occidentales y los intereses occidentales.

Capítulo Tres

Justo después de otorgarle la independencia al Congo el 30 de Junio de 1960, Bélgica y sus aliados occidentales minaron la estabilidad de la naciente nación al alentar una oposición virulenta al gobierno de Lumumba, utilizando políticos Congoleños respaldados por Occidente. De hecho, en Diciembre de 1960, el Congo estaba efectivamente bajo cuatro gobiernos separados, tres de los cuales estaban bajo los pulgares de las facciones anti-Lumumba respaldadas por las potencias occidentales. Éstas eran:

- el gobierno central en la capital Congoleña de Léopoldville (Kinshasa)
- un gobierno central rival establecido por los seguidores de Lumumba en Stanleyville (Kisangani)

- un régimen secesionista en la provincia rica en minerales de Katanga, bajo el liderazgo de Moise Tshombe
- y otra administración secesionista en la provincia de Kasai del Sur bajo el liderazgo de Albert Kalonji.

Mapa Administrativo del Congo (1960)

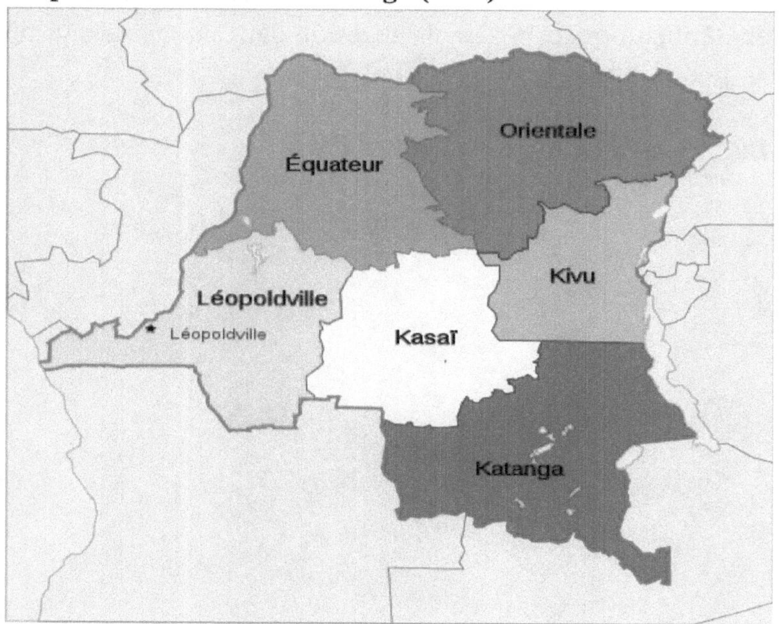

Con Lumumba liquidado medio año después de la concesión de la independencia al Congo, con la eliminación de lo que los actores geopolíticos occidentales percibían como la mayor amenaza para sus intereses en el nuevo país, Bélgica, Gran Bretaña, Francia y los Estados Unidos de América, lideraron los esfuerzos internacionales para difundir la autoridad del régimen moderado y pro-occidental en Kinshasa en todo el Congo. Era una estrategia doble que implicaba el uso del nuevo ejército Congoleño creado por Occidente bajo el mando del régimen respaldado por Occidente de Mobutu Sese Seko, y el uso del personal de mantenimiento de la paz de las Naciones Unidas. La estrategia fue tan efectiva que la fortaleza Lumumbista en el este del país, centrada alrededor de Kisangani, cayó en Agosto de 1961. Kasai del sur se retiró en Septiembre de 1962, y la secesión de Katanga se revirtió en Enero de 1963.

La Crisis del Congo de 1960 y 1961

Después de destruir el nuevo Congo independiente para socavar Lumumba, después de asesinar a Lumumba e instalar un gobierno títere, y luego dirigirlo a unir y estabilizar el país nuevamente, las potencias occidentales se sorprendieron cuando surgió un movimiento social radical para una "segunda independencia", desafiando al estado neocolonial y su liderazgo pro-occidental. Fue un movimiento masivo de trabajadores, funcionarios públicos inferiores, desempleados urbanos, campesinos y estudiantes. Fueron liderados por los lugartenientes de Lumumba, la mayoría de los cuales se habían reagrupado en la antigua capital Congoleña francesa de Brazzaville, al otro lado del río Congo desde la antigua capital Belga Congoleña de Kinshasa. En Octubre de 1963, estos Lumumbistas establecieron un Consejo de Liberación Nacional (CNL) con la misión de expulsar al régimen de Mobutu y crear un Nuevo Congo. Fueron tomados en serio hasta el punto en que la Unión Soviética les brindó asistencia militar. Algunos de los pocos gobiernos Pan-Áfricanistas sobrevivientes en el continente también brindaron apoyo. Incluso Ernesto Che Guevara, el ícono revolucionario Argentino y el segundo al mando de Fidel Castro, estableció una base en el Congo para ayudarlos. De hecho, cuando el Che Guevara escribió en 1964 que:

"Debemos avanzar, atacando incansablemente contra el imperialismo. De todo el mundo, tenemos que aprender las lecciones que ofrecen los eventos. El asesinato de Lumumba debería ser una lección para todos nosotros... ",

el revolucionario argentino comenzó la inmortalización de Patrice Lumumba después de que fracasó en su expedición en el Congo para galvanizar a los Lumumbistas contra el régimen títere occidental de Mobutu Sese Seko, quien no solo empobreció al Congo durante su mal gobierno de tres décadas y media, pero quien también se hizo más rico que el país que el gobernó mal.

Capítulo Cuatros

En todos los continentes del mundo de hoy, abundan las calles, parques, plazas, aeropuertos, estatuas y otras infraestructuras que llevan el nombre de Lumumba en honor de un altruista, un hombre que abrazó una forma más avanzada de cívico-nacionalismo llamado unión-nationalismo, quien se opuso a la división de su país en a lo largo de líneas étnicas o regionales, y que apoyó el Pan-Áfricanismo y la liberación de todos los territorios coloniales no solo en África, sino también en el resto del mundo.

El legado de Patrice Lumumba continúa sirviendo de inspiración en la política Congoleña actual, ya que docenas de partidos políticos proclaman su creencia en las ideas de "Neutralismo Positivo", que aboga por un retorno a los valores Africanos y que rechaza cualquier ideología importada, incluida la ideología del Unión Soviética:

"No somos comunistas ni católicos. Somos nacionalistas Africanos," dijo una vez Patrice

Lumumba.

Los Pan-Áfricanistas (aquellos que sueñan con una futura Unión Económica Áfricana con un sistema político integrado y una estructura militar) aprecian el legado de Lumumba y lo colocan junto a Kwame Nkrumah de Ghana, Sekou Touré de Guinea, Julius Nyerere de Tanzania y los líderes de la histórica Partido UPC de Camerún — que eran liquidado durante su lucha contra el colonialismo Francés y el neocolonialismo que condujo a la unificación e independencia del país — como los íconos de la era de la lucha por la independencia de África que sembró las semillas para la Unión Áfricana eso aún no se ha realizado.

El 31 de Mayo de 1997, un Lumumbista llegó al poder después de liderar una rebelión a gran escala contra el gobierno del Mobutu enfermo bajo la bandera de la Alianza de Fuerzas Democráticas para la Liberación del Congo-Zaire (ADFL), y con el apoyo de Ruanda, Uganda y Burundi, lo que marca el final de la primera Guerra del Congo en una hazaña que le tomó al ADGL solo medio año para hacerse cargo del país, un territorio que es un poco más de la mitad del tamaño de la Unión Europea. Laurent-Désiré Kabila, como se llamaba la némesis de Mobuto y al nuevo presidente, hizo una declaración poderosa cuando cambió el nombre del país de Zaire a la República Democrática del Congo, que es como se conocía a la nación CentroÁfricana de 1964 a 1971.

Laurent-Désiré Kabila no vino de la nada. De hecho, en 1965, se había convertido en el lugarteniente más distinguido de Patrice Lumumba después de la crisis del Congo de principios de los años sesenta y la rebelión contra Mobutu Sese Sekou que le siguió. Incluso fue reconocido por el Che Guevara durante su expedición al Congo, a pesar de que el revolucionario Argentino pensó que su contraparte Congoleña estaba demasiado distraída en ese momento, concluyendo que "no era el hombre de la hora."

A pesar de que los antiguos aliados de Laurent Kabila (Ruanda, Uganda y Burundi) se volverían contra él un año después, y respaldarían una nueva rebelión contra su gobierno bajo el estandarte del Rally por la democracia Congoleña (RCD), provocando así el Segundo Congo Guerra que lo vio perder el control del este del Congo, el legado de Lumumba prevaleció mientras continuaba controlando el sur y el oeste del país con la ayuda de Angola, Namibia y Zimbabue. Laurent Kabila sería asesinado a tiros por su guardia el 1 de Enero de 2001, un año y medio después de la retirada de todas las tropas extranjeras del país. Sin embargo, el legado de Lumumba nunca fue abandonado, ya que su hijo, Joseph Kabila, lo sucedió y gobernó hasta el 25 de Enero de 2019, cuando Félix Tshisekedi se convirtió en el nuevo presidente después de su victoria electoral el año anterior. El equipo de Kabila y el equipo del nuevo presidente establecieron una alianza de trabajo a principios de 2019, cuyo resultado es un acuerdo de gabinete compartido entre la FCC alineada con Kabila y la alianza CACH de Tshisekedi, que ha asegurado una continuación en el poder de las fuerzas que reconocen el papel positivo de Patrice Lumumba en la historia Congoleña, incluso si no cumplen con los estándares que él defendió.

La trágica pérdida de Patrice Lumumba fue mejor expresada por Noam Chomsky durante una entrevista del 11 de Septiembre de 2013 con la reconocida periodista de radiodifusión, columnista sindicada, periodista de investigación y autora Amy Goodman cuyas tareas de investigación la llevaron a lugares como Nigeria y Timor Oriental. Ese fue el momento en que dijo que:

"El asesinato de Lumumba, en el que Estados Unidos estuvo involucrado, en el Congo destruyó la mayor esperanza de desarrollo de África. Congo es ahora una historia de terror total, durante años",

Ahora, el profesor Noam Chomsky, considerado por muchos como el mejor intelectual vivo, también es respetado como un gran historiador, lingüista, filósofo, activista político, científico cognitivo y crítico social estadounidense cuyo dominio de la filosofía analítica es envidiable. Entonces, cuando continúa regresando al Congo para resaltar la difícil situación del país como víctima de la esclavitud, el colonialismo, el neocolonialismo, la guerra fría, el imperialismo y también del globalismo, entendemos por qué algunos expertos ven a la entidad geopolítica como el corazón estrangulado de África cuyos recursos parecen ser una maldición más que una bendición. Cuando señaló a su audiencia que:

"El mineral principal en tus teléfonos celulares, el coltán [un mineral metálico negro], proviene del este del Congo. Las corporaciones multinacionales están explotando los muy ricos recursos minerales de la región. Muchos de ellos están respaldando a las milicias que luchan entre sí para obtener el control de los recursos o una parte de los recursos."

Subrayó la razón por la cual este país que ocupa la mayor parte del espacio que es África media o central es el patio de recreo de las fuerzas extranjeras que ven en África y sus ricos recursos nada más que un botín que puede ser saqueado a bajo costo o sin costo, por eliminando a quienes apoyar la defensa de los intereses de la tierra y la gente, y luego reemplazarlos con marionetas que trabajarían por intereses extranjeros y sus propios intereses, en contra de los intereses de sus países y personas.

Hace apenas tres décadas, Zaire (Congo-Kinshasa) y Camerún tenían la reputación de ser los únicos dos países de África donde los que se sacrificaron por su liberación o independencia nunca habían gobernado. Entonces, el hecho de que los Congoleños del antiguo Congo Belga lograron vencer a sus líderes con la disposición malvada establecida por las potencias extranjeras para servir a los intereses de estas potencias extranjeras contra el bienestar del pueblo Congoleño, nos dice que el país se ha ido un largo camino en el difícil viaje para revertir los estragos de la esclavitud, el colonialismo, el neocolonialismo y el imperialismo, dejando a Camerún como el único país de África con una liberación inacabada que corre el riesgo de desgarrar al país embrujado, a menos que los nacionalistas cívicos de Camerún actúen de manera oportuna al desmantelar el sistema impuesto por Francia que el régimen de Biya administra , en lo que generalmente es la degeneración de esta entidad geopolítica conocida como el microcosmos de África.

Índice de Democracia: África y el Mundo

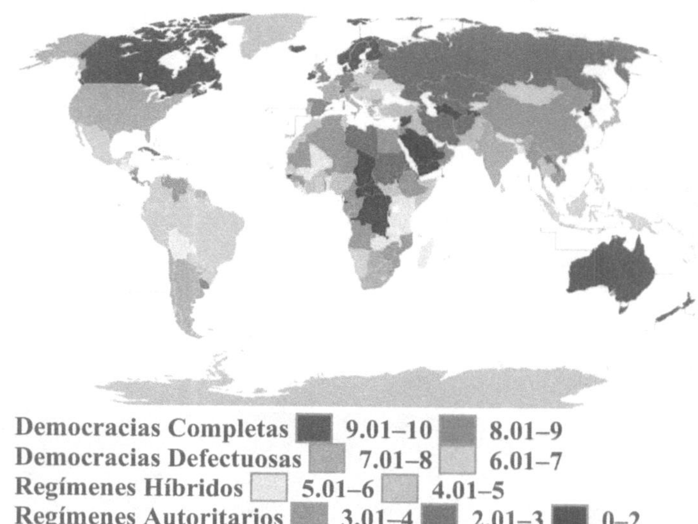

Mapa Político de los Países Africanos

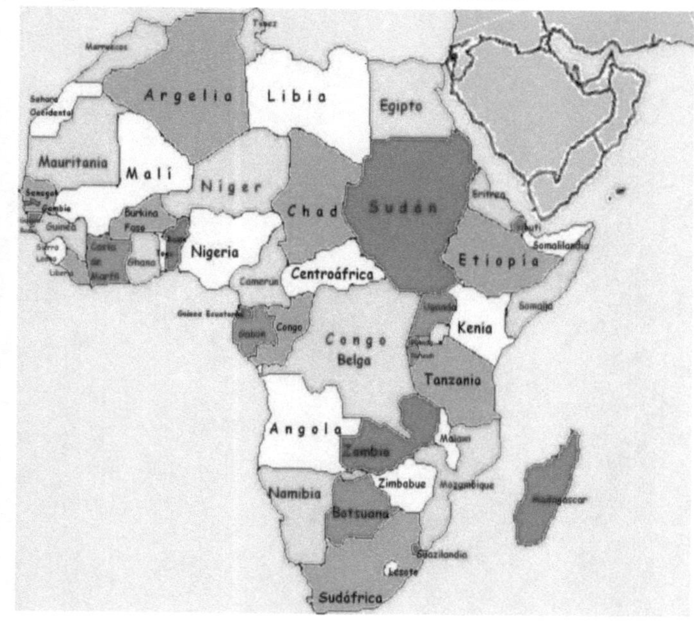

www.ingramcontent.com/pod-product-compliance
Lightning Source LLC
Chambersburg PA
CBHW051423250726
48655CB00003B/1204